FULL SCORE
WSO-19-002
吹奏楽譜＜コンクール／吹奏楽オリジナル楽譜＞
【参考音源CD付】

Silver Dances

作曲：福田 洋介

WSO-19-002
吹奏楽譜＜コンクール／吹奏楽オリジナル楽譜＞

Silver Dances

作曲：福田 洋介

Instrumentation

Piccolo & Flute 4 ×1
Flute 1 ×1
Flutes 2 & 3 ×2
Oboes 1 & 2 ×2
Bassoons 1 & 2 ×2
E♭ Clarinet ×1
B♭ Clarinet 1 ×2
B♭ Clarinet 2 ×2
B♭ Clarinet 3 ×2
Alto Clarinet ×1
Bass Clarinet ×1
Contrabass Clarinet ×1
Soprano Saxophone ×1
Alto Saxophones 1 & 2 ×2
Tenor Saxophones 1 & 2 ×2
Baritone Saxophone ×1
B♭ Trumpets 1 & 2 ×2
B♭ Trumpets 3 & 4 ×2
F Horns 1 & 2 ×2
F Horns 3 & 4 ×2
Trombone 1 ×1
Trombones 2 & 3 ×2
Bass Trombone ×1
Euphoniums 1 & 2 ×2
Tuba ×2
String Bass ×2
Harp ×1
Timpani ×1
Bass Drum & Snare Drum ×2
4 Toms ×1
Crash Cymbals,
Ride Cymbal, Hi-hat,
Suspended Cymbal & Tam-tam ×2
Tambourine, Triangle, Wind Chime,
Shaker & Sleigh Bell ×2
Glockenspiel ×1
Vibraphone ×1
Chime ×1

曲目解説

　金色はそれそのものの絶対的な輝きであるのに対して、銀色は鏡に映る様々な色彩と反射する白い光で出来上がる、相対的な輝きとも言えます。そして光り輝くだけでなく、いぶし銀と称される質感も味わいのある光です。様々な銀色のような表情を持った光の煌めきを、特徴的なダンスのリズムをまとった音楽にしてみようと創作しました。

　作品は大きく三部に分かれます。第一部は16ビートを基調にしたスピード感のあるダンス。流麗な旋律とシャープなリズムに溢れています。第二部はジャズハーモニーを活用した点描的な音楽によるダンス。長い旋律とゆらぎを持った響きのグラデーション、織物のようなテクスチュアでほのかな輝き、また時にまばゆい光が射します。そして第三部は舞台を白銀＝雪の世界に寄せた祭典をイメージ。非常に特徴的な太鼓のリズムと鈴の音に乗せて、エキゾチックな旋律が重なり合い、雪の冷たさを忘れる熱いダンスが繰り広げられ、大団円を迎えます。

　演奏にあたっては、リズムが非常に重要ですので、編成が大きくとも共通したグルーヴを確保するように留意してください。また、ハーモニーに短2度や長2度でぶつかる音程を使用しています。音色を引き立てるため、バランスは等しくなるようにすると良いでしょう。また、完全4度を多用した和音も全曲の特徴で、馴れないと固い響きになりやすいですが、その感覚をうまく掴むととても刺激的なサウンドになります。

　第三部では打楽器の奏法を細かく指示しております。Snare Drum、Large Tom、Bass Drumに記した、open slap（○）、muff（符頭無し）、mute（＋）ですが、コンガを演奏する左手の使い方と同じです。右手にはマレットやスティックを持ちます（※手の左右はもちろん逆にしても構いません）。

[Snare Drum]
w/hand：両手でヘッドを叩きます。手順はコンガの場合と同じです。
w/thin stick：鍵盤用マレットの柄の部分、または同様の細さのスティックを使います。
near rim：ヘッドのリム付近を叩き、甲高い音にします。
opp.hand muff：もう片方の手でmuffにします。
[34] near rim：ミの音はリム近く、ドの音はヘッド中央を叩きます。
[35] 1小節前から rim shot：オープン／クローズの選択は任意です。

(by 福田 洋介)

作曲者プロフィール：福田 洋介　*Yosuke Fukuda*

　1975年東京杉並生まれ。11歳よりDTMシステムによる音楽作りを始める。現在まで作・編曲は独学。そして中学、高校と吹奏楽を続ける。高校在学中に商業演劇の音楽を担当。その後演劇・舞踊・映画・TV・イベント等の音楽製作、吹奏楽・管弦楽・室内楽の作・編曲および指導・指揮に力を注ぐ。吹奏楽やアンサンブルのCDや楽譜を株式会社ウィンズスコア、エイベックス・クラシックスなど各社より多数出版。佐渡裕＆シエナ・ウインド・オーケストラ、「題名のない音楽会21」などのアレンジャーとしても好評を博す。その他、学生団体・一般団体の常任・客演指揮も務めている。

　ダイナミックかつシンフォニックな音楽から、一度聞いたら忘れられない透明でシンプルな音楽まで、あらゆる姿の音を紡ぎ出すその作風に、各方面からの評価と信頼が高い。

　現在、東邦音楽大学特任准教授・ウインドオーケストラ指揮者。

＜主な作品＞『さくらのうた』(第22回朝日作曲賞)、『吹奏楽のための「風之舞」』(第14回朝日作曲賞)、『KA-GU-RA for Band』(JBA下谷賞・佳作)、『シンフォニック・ダンス』、『サクソフォン・シャンソネット』他

演奏時間

約10分00秒

難易度

C

153
21 Allegro con ritmo ♩=120
Picc.
Fl.1
Fl.2,3
Ob.1,2
Bsn.1,2
E♭ Cl.
Cl.1
Cl.2
Cl.3
A.Cl.
B.Cl.
Cb.Cl.
S.Sax.
A.Sax.1,2
T.Sax.1,2
B.Sax.
Trp.1,2
Trp.3,4
Hrn.1,2
Hrn.3,4
Trb.1
Trb.2,3
B.Trb.
Euph.1,2
Tub.
St.B.
Hp.
Timp.
S.D.,B.D.
4 Toms
Cymb. & Tam-t.
S.Bell
Glock.
Vib.
Chime
Solo
mf
1.Solo
snare off w/hand
open slap
mp
muff
Open
large Tom w/mallet
mute
Sl.Bell

ご注文について

ウィンズスコアの商品は全国の楽器店、ならびに書店にてお求めになれますが、店頭でのご購入が困難な場合、当社PC&モバイルサイト・FAX・電話からのご注文で、直接ご購入が可能です。

◎当社PCサイトでのご注文方法

http://www.winds-score.com

上記のURLへアクセスし、WEBショップにてご注文ください。

◎FAXでのご注文方法

FAX.03-6809-0594

24時間、ご注文を承ります。当社サイトよりFAXご注文用紙をダウンロードし、印刷、ご記入の上ご送信ください。

◎お電話でのご注文方法

TEL.0120-713-771

営業時間内に電話いただければ、電話にてご注文を承ります。

◎モバイルサイトでのご注文方法

右のQRコードを読み取ってアクセスいただくか、URLを直接ご入力ください。

※この出版物の全部または一部を権利者に無断で複製(コピー)することは、著作権の侵害にあたり、著作権法により罰せられます。

※造本には十分注意しておりますが、万一、落丁・乱丁などの不良品がありましたらお取り替えいたします。また、ご意見・ご感想もホームページより受け付けておりますので、お気軽にお問い合わせください。

Piccolo & Flute 4

Silver Dances

Silver Dances

Flutes 2&3 — Silver Dances - 3

Flutes 2&3

Silver Dances

福田洋介
Yosuke Fukuda

Oboes 1&2

Silver Dances

福田洋介
Yosuke Fukuda

Bassoons 1 & 2

Bassoons 1&2

Silver Dances

E♭ Clarinet

福田洋介
Yosuke Fukuda

Silver Dances

Bb Clarinet 1

福田洋介
Yosuke Fukuda

B♭ Clarinet 2

Silver Dances

福田洋介
Yosuke Fukuda

B♭ Clarinet 2

Silver Dances

福田洋介
Yosuke Fukuda

B♭ Clarinet 3

Silver Dances

福田洋介
Yosuke Fukuda

B♭ Clarinet 3

Silver Dances

福田洋介
Yosuke Fukuda

Bass Clarinet

Silver Dances - 4

Contrabass Clarinet

Contrabass Clarinet — Silver Dances - 3

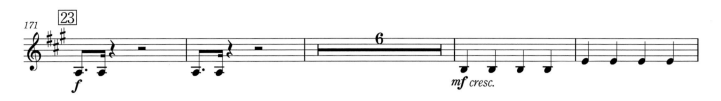

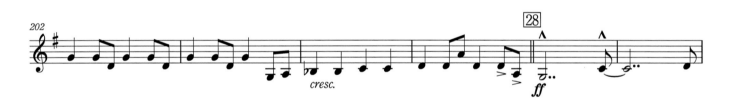
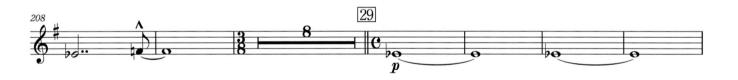
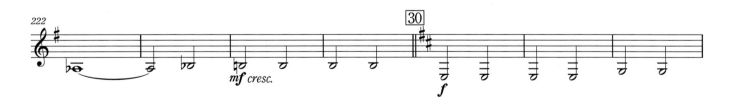

Soprano Saxophone

Soprano Saxophone

Silver Dances

福田洋介
Yosuke Fukuda

Alto Saxophones 1&2

Silver Dances

福田洋介
Yosuke Fukuda

Tenor Saxophones 1&2

Silver Dances

福田洋介
Yosuke Fukuda

B♭ Trumpets 1&2

B♭ Trumpets 1&2

Silver Dances

F Horns 1&2

Silver Dances

福田洋介
Yosuke Fukuda

Silver Dances

福田洋介
Yosuke Fukuda

F Horns 3&4

Silver Dances

福田洋介
Yosuke Fukuda

Trombones 2&3

Silver Dances

福田洋介
Yosuke Fukuda

Euphoniums 1&2

Silver Dances

福田洋介
Yosuke Fukuda

Tuba

Silver Dances

福田洋介
Yosuke Fukuda

String Bass

Silver Dances

String Bass

福田洋介
Yosuke Fukuda

String Bass

String Bass

Silver Dances

福田洋介
Yosuke Fukuda

Harp

Silver Dances

福田洋介
Yosuke Fukuda

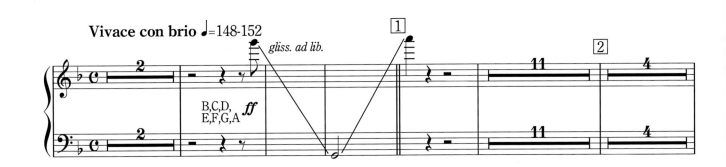

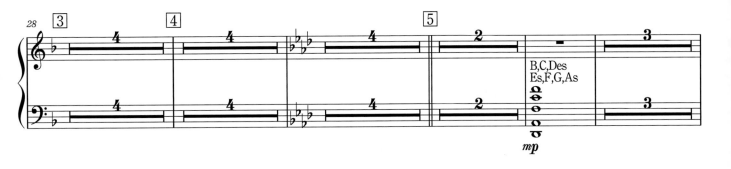
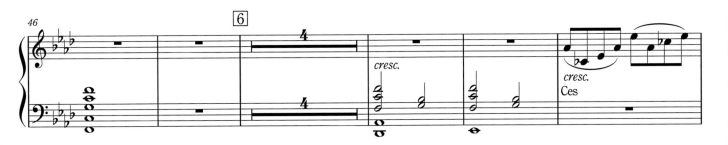

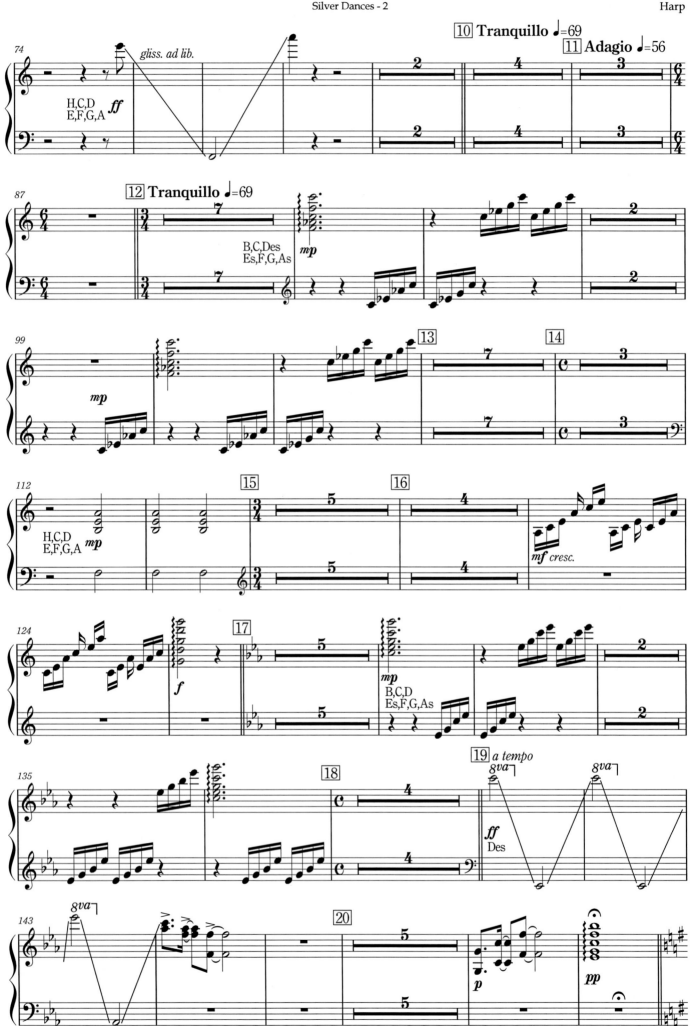

Bass Drum, Snare Drum

Silver Dances

福田洋介
Yosuke Fukuda

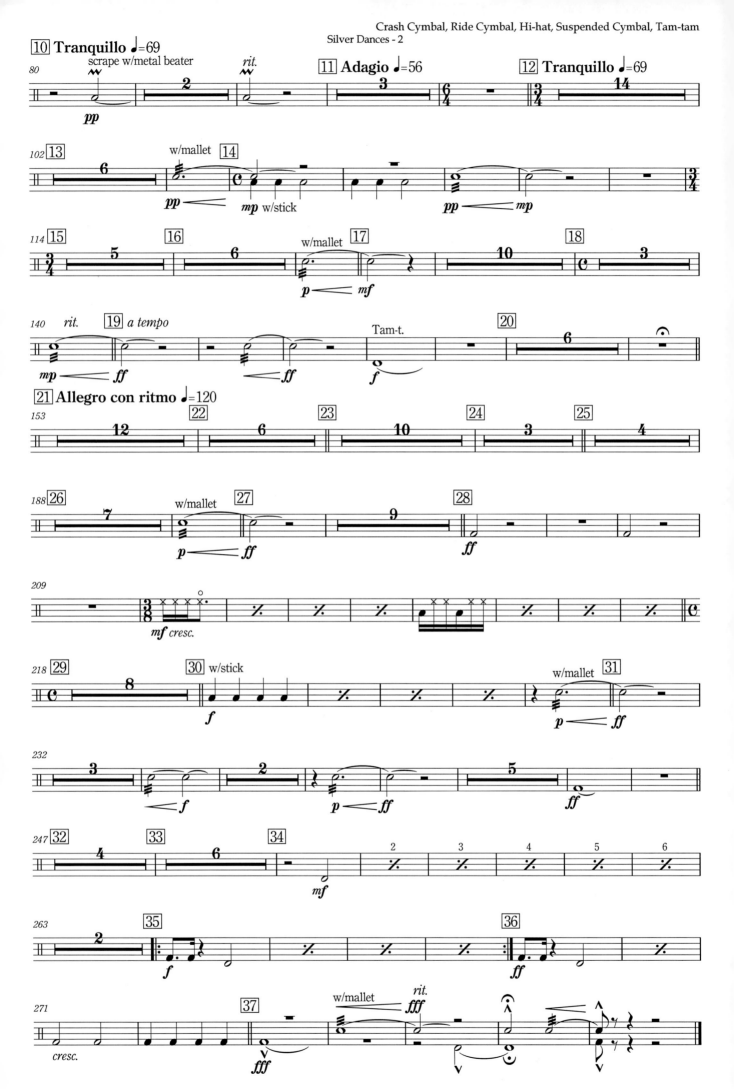
Silver Dances - 2
Crash Cymbal, Ride Cymbal, Hi-hat, Suspended Cymbal, Tam-tam

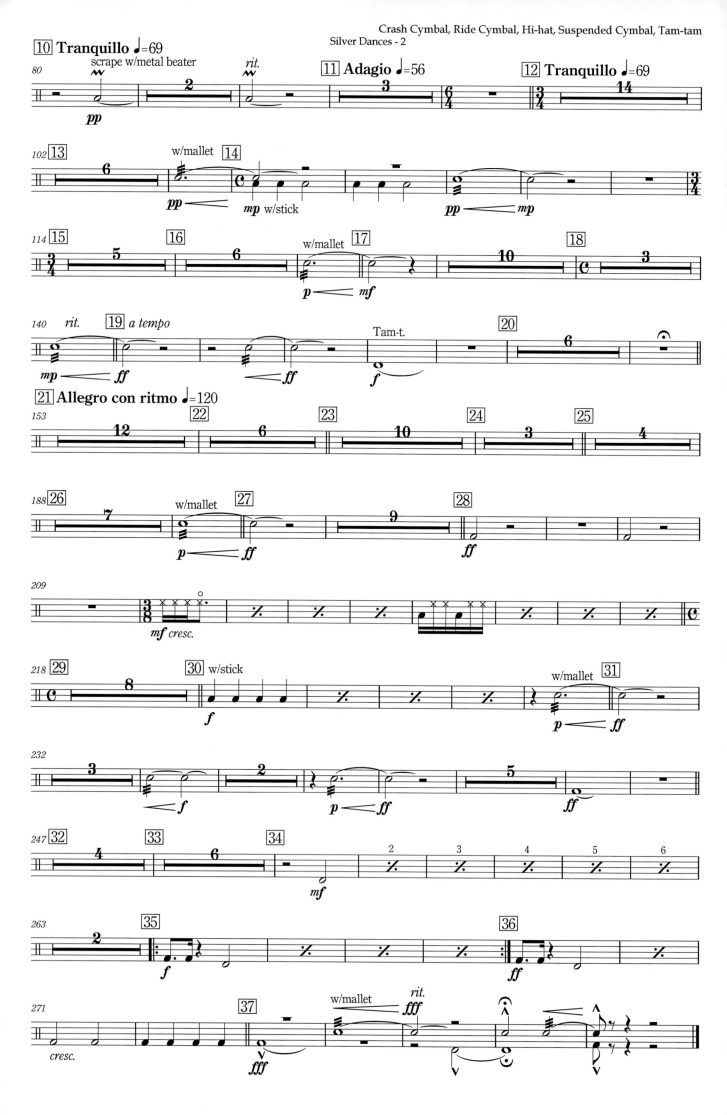
Crash Cymbal, Ride Cymbal, Hi-hat, Suspended Cymbal, Tam-tam
Silver Dances - 2

Silver Dances - 2   Tambourine, Triangle, Wind Chime, Shaker, Sleigh Bell

Silver Dances - 2   Tambourine, Triangle, Wind Chime, Shaker, Sleigh Bell

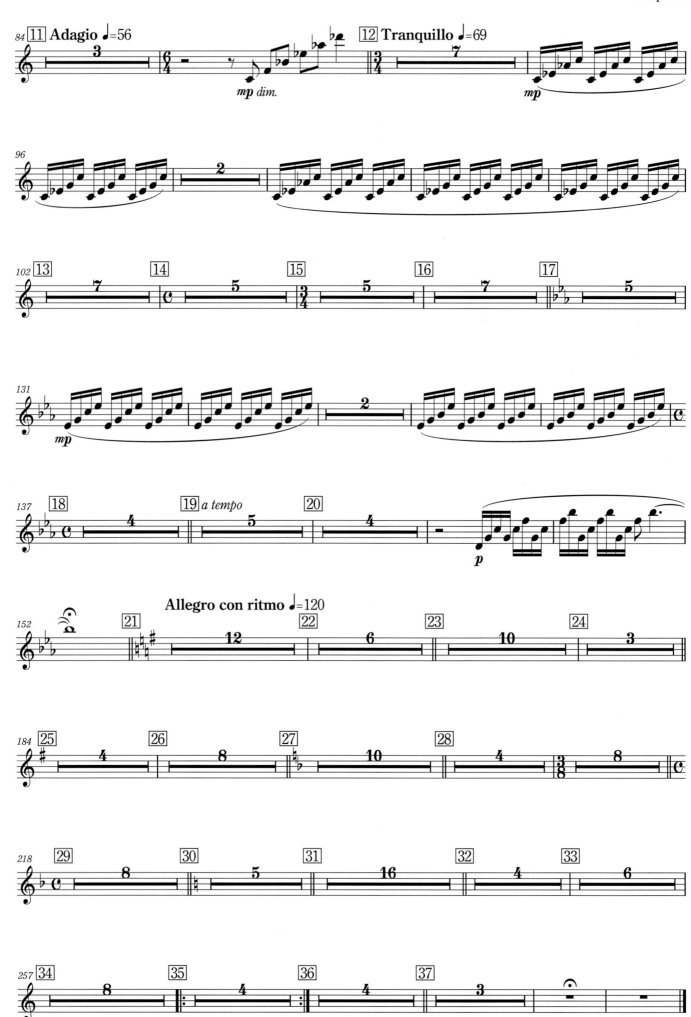